A Palavra de Deus
na liturgia

"CELEBRA – Rede de Animação litúrgica – formada de pessoas, grupos e comunidades abertas ao diálogo ecumênico, comprometidas com uma liturgia cristã, fonte de espiritualidade, inculturada na caminhada solidária dos pobres."

Coleção Rede Celebra

1. *A Palavra de Deus na Liturgia* – Ione Buyst
2. *O ministério de leitores e salmistas* – Ione Buyst
3. *Homilia, partilha da Palavra* – Ione Buyst
4. *O espaço da celebração: mesa, ambão e outras peças* – Regina Céli de Albuquerque Machado
5. *Domingo, dia do Senhor* – Ione Buyst (org.)
6. *Presidir a celebração do dia do Senhor* – Ione Buyst
7. *Pão e vinho para nossa ceia com o Senhor* – Ione Buyst
8. *Mística e liturgia: beba da fonte* – Ione Buyst
9. *Ofício Divino das Comunidades: uma introdução* – Penha Carpanedo
10. *Participar da liturgia* – Ione Buyst

IONE BUYST

A Palavra de Deus na liturgia

Dados Internacionais de Catalogação na Publicação (CIP)
(Câmara Brasileira do Livro, SP, Brasil)

Buyst, Ione
    A Palavra de Deus na liturgia / Ione Buyst ; [ilustrador Edmar
Oliveira]. – 7. ed. – São Paulo : Paulinas, 2009. – (Coleção rede celebra ;
1 / coordenadores Domingos Ormonde, Penha Carpanedo)

    Bibliografia.
    ISBN 978-85-356-0709-3

    1. Comunidades cristãs 2. Igreja Católica – Liturgia 3. Palavra
de Deus (Teologia) I. Oliveira, Edmar. II. Ormonde, Domingos.
III. Carpanedo, Penha. IV. Título. V. Série.

09-00358   CDD-264.34

Índices para catálogo sistemático:

1. Liturgia da Palavra de Deus : Cristianismo   264.34
2. Palavra de Deus : Liturgia : Cristianismo   264.34

Direção-geral: *Maria Bernadete Boff*
Coordenação editorial: *Noemi Dariva*
Revisão: *Maurício Cruz*
Gerente de produção: *Felício Calegaro Neto*
Direção de arte: *Irma Cipriani*
Coordenação da coleção "Rede Celebra": *Domingos Ormonde e*
Penha Carpanedo
Ilustrador: *Edmar Oliveira*
Capa: *Edmar Oliveira*
Editoração: *Andrea Lourenço*

7ª edição – 2009

3ª reimpressão – 2018

Nenhuma parte desta obra poderá ser reproduzida ou transmitida
por qualquer forma e/ou quaisquer meios (eletrônico ou mecânico,
incluindo fotocópia e gravação) ou arquivada em qualquer sistema ou
banco de dados sem permissão escrita da Editora. Direitos reservados.

Paulinas

Rua Dona Inácia Uchoa, 62
04110-020 – São Paulo – SP (Brasil)
Tel.: (11) 2125-3500
http://www.paulinas.com.br – editora@paulinas.com.br
Telemarketing e SAC: 0800-7010081

© Pia Sociedade Filhas de São Paulo – São Paulo, 2001

Sumário

Introdução: Conexão 2000 7

I - *O que acontece quando celebramos a Palavra de Deus?* 11

   1. Celebração da Palavra de Deus, um acontecimento
      comunitário, ligando Bíblia e vida, com a ajuda
      do Espírito Santo 13

   2. Leitura cristã da Bíblia 15

   3. Quando se lêem as Sagradas Escrituras na liturgia,
      é Cristo que fala e nos transforma 17

   4. Dito e feito 21

II - *Como se faz a liturgia da Palavra?* 23

   1. Ministérios a serviço de uma assembléia atenta 23

   2. Partes, seqüência, dinâmica celebrativa 26

   3. Recordação da vida 29

   4. A mesa da Palavra, o livro, o elenco (roteiro) de leituras 32

   5. Leituras, salmo, aclamação, evangelho 35

   6. Homilia e profissão de fé 37

   7. Oração dos fiéis 39

   8. Silêncio 41

   9. Corpo, gestos, comunicação 42

   10. Diversas formas e ocasiões 43

Bibliografia recomendada 46

Introdução: conexão 2000

Jesus anuncia o Reino de Deus

Os evangelhos nos contam como Jesus, em suas andanças missionárias, ensinava e realizava curas, como sinais da chegada do Reino de Deus. Falava às multidões e falava também, em separado, a seus discípulos e discípulas.

As primeiras comunidades continuaram a missão de Jesus e recordavam o que ele disse e fez

Depois da morte de Jesus, seus discípulos e discípulas continuaram a missão de Jesus, a pedido dele, falando e agindo em seu nome, animados pelo Espírito Santo. Falavam de Jesus e do Reino que ele veio inaugurar a todos que quisessem ouvir: nas sinagogas dos judeus, no templo, nas praças, nas praias, à beira-rio, nas prisões, nos interrogatórios... Quando reunidos entre si, em comunidade, lembravam as palavras e os gestos de Jesus, lembravam sua morte e ressurreição, a vinda do Espírito Santo e davam graças a Deus e oravam e se alegravam. A cada reunião tentavam compreender tudo aquilo que havia acontecido com Jesus, e os sinais que estavam acontecendo no dia-a-dia de sua missão.

A Palavra de Deus nos é dada na comunidade

Hoje, 2000 anos depois, também nós, discípulos e discípulas de Jesus, continuamos nos reunindo em comunidade, ouvindo as palavras de Jesus, tentando compreender, com a ajuda do Espírito Santo, o que está acontecendo e buscando uma palavra de vida para nós mesmos, para a comunidade, para a sociedade e para o mundo. Na verdade, Deus continua falando hoje. Por isso, em nenhuma reunião ou celebração da comunidade cristã deve faltar o anúncio e a escuta da Palavra de Deus, porque ela é o fundamento de nossa fé. Seja na celebração da eucaristia (missa), seja nos batizados, na celebração da reconciliação, nos casamentos, nas exéquias, nas bênçãos, nos ofícios divinos.... sempre deve ser lida e escutada uma passagem bíblica, por menor que seja.

O que se pode encontrar no presente texto?

Procuramos dar breves fundamentações e orientações sobre a celebração da Palavra, ou liturgia da Palavra, nas comunidades cristãs (mais especificamente na tradição da Igreja Católica Romana). Lembramos o que acontece quando fazemos uma celebração da Palavra, como devemos organizá-la e realizá-la.

Falamos o mais possível a partir da experiência celebrativa, onde teologia, espiritualidade e prática ritual estão interligadas, não separadas. Tentamos escrever de maneira simples e compacta, com o máximo de conteúdo possível. Quem quiser aprofundar e ler mais, encontrará indicação para leituras nas últimas páginas.

Para citar as Sagradas Escrituras, usamos a tradução da Bíblia Sagrada – Edição Pastoral, São Paulo, Paulus, com pequenas alterações. A numeração dos salmos segue sempre a bíblia hebraica, como se faz na maioria das bíblias hoje em dia. (Os lecionários costumam usar a numeração da tradução grega da bíblia, que foi a base para a tradução em latim.)

Mais duas publicações sobre a Palavra de Deus na liturgia

A homilia faz parte da celebração da Palavra, mas trataremos dela mais longamente no livrinho desta mesma coleção: *Homilia, partilha da Palavra*. Também *O ministério de leitores e salmistas* trata este tema com mais detalhes.

Uma sugestão

Propomos o estudo do texto em comunidade ou na reunião da equipe de liturgia, completado com a leitura individual. Sempre que possível, abram a Bíblia, leiam, analisem e meditem as passagens indicadas.

No mais, ninguém deve guardar só para si a riqueza que recebe como graça de Deus no estudo deste texto. Por isso, usando o livrinho, ajudem outras pessoas, grupos ou comunidades a se formar e a crescer no conhecimento da sagrada liturgia.

Abreviaturas usadas

IELM = Introdução ao Elenco das Leituras da Missa.

SC = *Sacrosanctum Concilium*, Constituição Conciliar sobre a Sagrada Liturgia.

I - O que acontece quando celebramos a Palavra de Deus?

Quando Deus fala à comunidade reunida, algo grandioso acontece: libertação, salvação, comunhão. "...a palavra (que) na celebração se converte em sacramento por intervenção do Espírito Santo..." (IELM, n. 41).

Anotamos aqui alguns tópicos para provocar a reflexão e o aprofundamento, que pode partir do(s) texto(s) bíblico(s) indicado(s):

1) A comunidade se reúne para fazer memória de Jesus, lendo e atualizando as Sagradas Escrituras (Atos 2,41-42).

2) Ela lê ao mesmo tempo a Bíblia e a vida. Busca discernir nos acontecimentos da vida pessoal, comunitária e social, os passos do Senhor que salva e transforma com o dinamismo de seu Espírito. Por isso, a homilia é um momento profético da comunidade: anuncia, denuncia, convoca, mobiliza, chama à conversão, por causa da chegada do Reino (Atos 4,23-31).

3) A celebração da Palavra é uma verdadeira ação litúrgica; é parte integrante da celebração do mistério pascal de Jesus e da nova Aliança realizada por ele. É uma palavra eficaz: faz acontecer a páscoa, porque nos faz passar da morte para a vida, do egoísmo para a fraternidade, da exclusão para a solidariedade, do desespero para a esperança. Por isso, podemos falar da sacramentalidade da Palavra (Atos 20,7-12).

4) "A celebração litúrgica (...) converte-se em um acontecimento novo que enriquece a Palavra com uma nova interpretação e eficácia" (IELM, n. 3). Portanto, a cada leitura, um determinado texto se torna Palavra viva de Deus para nós hoje (Lucas 4,16-21).

5) É anúncio e manifestação do Reino de Deus, da vida nova, da comunhão, do mundo novo iniciado na morte-ressurreição de Jesus pelo derramamento do Espírito Santo (Atos 16,25-34).

6) É denúncia das forças da morte que procuram impedir a vinda do Reino de Deus (Atos 2, 14- 36).

7) É apelo de conversão, de mudança de vida, de santificação, de solidariedade, de compromisso com este Reino (Atos 2,37-41).

8) É comunhão com o Pai, por Jesus, Palavra viva, no Espírito Santo; é comunhão também entre nós, na medida em que ouvimos a mesma Palavra do Senhor (João 14,23-24).

9) Podemos contar com a presença real de Jesus na celebração da Palavra. É ele que fala quando se lêem as Sagradas Escrituras na celebração da comunidade. Afinal, a Palavra é o próprio Cristo, Verbo de Deus feito carne, realidade humana, em nossa história (1João 1,1-4).

10) O Espírito Santo está presente e atuante; orienta a comunidade, os ministros e cada fiel para que compreendam e aceitem a Palavra de Jesus, as promessas de Deus, a vida nova que recebemos em Cristo. Ele nos faz ler nas entrelinhas, nos silêncios, para além da literalidade do texto (João 14,25-26).

11) A comunidade é chamada a ouvir, receber a Palavra no coração, deixar-se atingir e converter, responder à Palavra de Deus com a profissão de fé, a oração e a intercessão, o louvor e a ação de graças, o compromisso, a comunhão de vida. Também isso é obra do Espírito Santo em nós (Romanos 8,26-27).

1. Celebração da Palavra de Deus, um acontecimento comunitário, ligando Bíblia e vida, com a ajuda do Espírito Santo

Em toda a tradição do povo judeu e dos cristãos, Deus fala a seu povo reunido. Fala quando o povo reunido na fé procura perceber (discernir) a atuação de Deus nos acontecimentos da própria vida, na história da comunidade, nos acontecimentos sociais, históricos, do povo, da sociedade, do mundo, com a ajuda do Espírito Santo e tendo como referência as Sagradas Escrituras (a Bíblia).

> Vejam um belo exemplo de uma liturgia da Palavra em Neemias 8, 1-8: o povo todo reunido, Esdras sobe à estante e lê o livro; os ministros interpretam e explicam, atualizam; o povo aclama, ora, chora, louva... E tudo termina numa grande festa.

Na Bíblia encontramos a experiência da caminhada do povo judeu (nos livros do chamado Antigo Testamento) e das primeiras comunidades cristãs (no chamado Novo Testamento). São muito parecidas com nossas próprias experiências de fé hoje, embora vividas em outras circunstâncias históricas e culturais. Ouvindo os textos bíblicos, o Espírito Santo nos faz reconhecer a presença, a atuação e a Palavra de Deus em nossas próprias vidas; partilhando nossas experiências na comunidade reunida, ele nos lembra experiências do povo de Deus anotadas na Bíblia (Vejam: João 14,25-26; 16,5-15). Desta forma, Bíblia e vida vão se explicando e completando uma à outra. E Deus vai revelando seu rosto, esclarecendo seu projeto, realizando a comunhão de vida com ele. Este é o método que aprendemos com o povo judeu e que foi usado pelas primeiras comunidades cristãs para aprofundar sua fé. É este o método que a liturgia nos propõe ainda hoje.

Portanto, não vale a chamada leitura fundamentalista, que faz uma leitura da Bíblia ao pé da letra, sem levar em conta o contexto histórico em que foi escrita e a realidade em que é lida hoje, com a ajuda do Espírito Santo.

2. Leitura cristã da Bíblia.

Em Lucas 24,44-48, Jesus diz: "É preciso que se cumpra tudo o que está escrito a meu respeito na Lei de Moisés, nos Profetas e nos Salmos." Assim, em toda a Bíblia, tanto no Antigo quanto no Novo Testamento, procuramos conhecer melhor Jesus Cristo e o sentido de sua vida, morte e ressurreição. No Novo Testamento percebemos esta leitura cristã do Antigo Testamento; vejam, por exemplo: Lucas 24,13-35; Lucas 4,16-21. Também os salmos são entendidos pelas comunidades cristãs como profecias de Cristo; no Novo Testamento encontramos exemplos disso: Atos 4,23-31 (Salmo 2); Atos 2,24-28 (Salmo 16); Hebreus 10, 5 (Salmo 40); Mateus 27,45-46 (Salmo 22)...

Leiam, analisem e meditem os textos bíblicos indicados, tentando perceber de que forma as primeiras comunidades cristãs relacionaram o texto antigo com a pessoa e a missão de Jesus e dos cristãos. Também em nossas liturgias da Palavra, o Espírito Santo nos revela antes de tudo Jesus Cristo: quem é, como se relaciona com o Pai, a que veio, como estamos ligados com ele, o que espera de nós. Estamos atentos(as) a isso?

Comparem com o seguinte texto de são Jerônimo:

Quando leio o Evangelho e vejo nele os testemunhos da lei, os testemunhos dos profetas, considero somente o Cristo; leio Moisés, leio os profetas, compreendendo que falam do Cristo. (...) Não rebaixo a lei e os profetas; ao contrário, eu os louvo porque estão proclamando o Cristo. Leio a lei e os profetas sem me deter na lei e nos profetas; mas para, por meio da lei e dos profetas, chegar a Cristo. (In Marc. Hom. 6)

Esta leitura do Antigo Testamento a partir da pessoa de Jesus Cristo não pretende substituir a leitura dos livros do Antigo Testamento por seu valor próprio. É importante conhecer cada livro, seu contexto histórico, sua mensagem, seu autor. As duas maneiras de ler não se opõem, mas se complementam.

3. Quando se lêem as Sagradas Escrituras na liturgia, é Cristo que fala e nos transforma

A liturgia da Palavra não é apenas um momento de ouvir falar sobre Jesus; é o próprio Jesus que está no meio de nós, e nos fala, na comunidade reunida. Sua Palavra tem a força de curar, converter, transformar as pessoas; vejam:

> Mateus 11, 2-6; Lucas 19,1-10; João 4,7-42; João 15,1-8.

É uma Palavra dinâmica, criadora, renovadora, que faz acontecer algo novo. Ela realiza em nós a páscoa, a passagem da morte à vida, do egoísmo à partilha, do ódio ao perdão, da acomodação ao compromisso. Ela aponta e faz acontecer o Reino de Deus no meio de nós, a comunhão universal, o mundo-que-há-de-vir.

Isso requer de nossa parte uma atitude de fé, de acolhida, de profunda escuta; requer a disposição para entrar em diálogo e comunhão com o Deus da Aliança. Se prepararmos o terreno de nosso coração, a semente da Palavra criará raízes em nós e dará frutos.

Ver: Mateus 13,4-23.

Ouvindo, entramos em comunhão com Jesus, e através dele com o Pai. Por isso, podemos dizer que comungamos da mesa da Palavra, assim como comungamos da mesa da Eucaristia. Cremos na presença real de Jesus na liturgia da Palavra, como cremos na sua presença real na liturgia eucarística.

Comparem com a Constituição Conciliar sobre a Palavra de Deus, *Dei Verbum*, n. 21:

> A Igreja sempre venerou as escrituras divinas, como venerou o próprio corpo do Senhor, porque, de fato, principalmente na sagrada liturgia, não cessa de tomar e entregar aos fiéis o pão da vida, da mesa tanto da Palavra de Deus como do Corpo de Cristo.

Vejam o que nos dizem a respeito os nossos Santos Pais na fé:

* Cesário de Arles, ca. 470-543, monge do mosteiro de Lérins (atual França); de 502 a 542 foi bispo de Arles e um dos maiores pregadores de estilo popular da Igreja latina antiga:

A Palavra de Deus não vale menos que o Corpo de Cristo.

> Eu lhes pergunto, irmãos e irmãs, digam o que, na opinião de vocês, tem mais valor: a Palavra de Deus ou o Corpo de Cristo? Se quiserem dar a verdadeira resposta, certamente deverão dizer que a Palavra de Deus não vale menos que o Corpo de Cristo. E por isso, todo o cuidado que tomamos quando nos é dado o corpo do Cristo, para que nenhuma parte escape de nossas mãos e caia por terra, tomemos este mesmo cuidado, para que a Palavra de Deus que nos é entregue, não morra em nosso coração enquanto ficamos pensando em outras coisas ou falando de outras coisas; pois aquela pessoa que escuta de maneira negligente a Palavra de Deus, não será menos culpada do que aquela que, por negligência, permitir que caia por terra o Corpo de Cristo (*Sermon* 78,2; Sources Chrétiennes, 330, p. 241).

* *Da Vida de são Pacômio*, iniciador do monaquismo cenobítico (comunitário), no Egito, mais ou menos nos anos 292-347 d.C.

Quem parte o pão da Palavra aos irmãos, o faz no lugar e em nome de Cristo:

> Num outro dia, ainda, enquanto nosso pai Pacômio estava orando sozinho em dado lugar, caiu em êxtase. Todos os irmãos celebravam a sinaxe (a assembléia) e Nosso Senhor, sentado sobre um trono elevado, lhes falava a respeito das parábolas do santo evangelho. Na visão que (nosso pai Pacômio) teve naquele dia, podia não somente entender as palavras que

ele (Nosso Senhor) dizia, como também compreender a sua interpretação enquanto as pronunciava com sua boca. A partir daquele dia, quando nosso pai queria dirigir a Palavra de Deus aos irmãos, ocupava o lugar em que havia visto o Senhor sentado, falando aos irmãos. E se ele repetia as palavras e os comentários que ouvira da boca do Senhor, grandes luzes saíam de suas palavras, que lançavam brilhantes radiações. Os irmãos estavam terrivelmente amedrontados por causa das palavras de nosso pai Pacômio, que pareciam centelhas luminosas a lhe saírem da boca (*Vida de são Pacômio*, segundo a tradição copta, n. 86. [Salvador, CIMBRA, 1989]. Traduzido do francês por Aida Batista do Val).

Reparem como neste último texto estão veladamente presentes algumas afirmações teológicas importantes:

1) o ministro que reparte a Palavra aos irmãos fala no lugar de Cristo;

2) fala as palavras que ouviu da boca do Senhor (daí a necessidade da leitura orante individual como preparação);

3) tanto o texto bíblico como sua interpretação ou comentários são Palavra do Senhor;

4) esta Palavra ilumina nossas vidas.

4. Dito e feito

Deus fala por palavras e ações. Jesus também. Por isso, a liturgia da Palavra requer um duplo complemento: a ação ritual e a ação missionária ou pastoral. A ação ritual, com gestos e ações simbólicas, vem completar a celebração da Palavra. Assim, por exemplo: dar graças, repartir o pão e o cálice na ceia do Senhor; mergulhar na água do batismo; ungir o doente com óleo. Além disso, no final da celebração, o Senhor nos envia em missão. Através de nosso trabalho, nossa oração, nossa profissão, nossos contatos pessoais, nossas organizações sociais, nossa missão pastoral, Jesus continua, através de nós, sua ação pascal, libertadora, transformadora. É o compromisso que levamos da celebração. É a Palavra ouvida e meditada que vai dando seus frutos na ação, na vida.

II - Como se faz a liturgia da Palavra?

A liturgia da Palavra é semelhante a um diálogo entre duas pessoas, dois parceiros: Deus e seu povo, Jesus e sua comunidade reunida no Espírito Santo. É o diálogo da Aliança (Vejam Êxodo 19 - 24). Há momentos em que ouvimos a fala do Senhor, há momentos em que a comunidade aclama ou responde àquilo que ouviu.

1. Ministérios a serviço de uma assembléia atenta

Vários ministros ou ministras estão a serviço do Senhor e da comunidade para que se realize o diálogo da Aliança:

- um presidente ou uma presidenta;
- um(a) animador(a);
- leitores e leitoras;
- salmista(s);
- outros cantores e cantoras;
- um(a) dirigente ou animador(a) do canto;
- instrumentistas;
- os ministros e ministras da dança com a entrada da Bíblia ou do Evangeliário;

- o grupo da dramatização do evangelho;
- um(a) homiliasta;
- a pessoa que faz ou organiza as preces dos fiéis;
- os acólitos(as) encarregados(as) das velas, do incenso etc.

Além disso, é muito útil ter uma pessoa competente que cuide da instalação do som, regulando os microfones, sempre que necessário.

Nunca é demais lembrar que todos os ministros e ministras estão aí para servir. Foram chamados(as) para ajudar a comunidade. Portanto, cabe *uma atitude de humildade, de prontidão*. É o próprio Cristo que atua neles e nelas, com seu Espírito. Daí a importância de *uma boa preparação* bíblica, litúrgica, espiritual e, também, técnica.

Nas celebrações presididas por ministros ou ministras não ordenados(as), é costume a presidência da celebração ser realizada em parceria, de forma partilhada. Várias pessoas repartem as funções da presidência: uma assume as orações, outra a homilia, outra ainda os convites à assembléia. Qual a vantagem dessa maneira de agir? Deixa claro que a Igreja é uma comunidade, uma família reunida em que todos têm algo a compartilhar. Quem se sente desvalorizado quando alguém pede para repartir a presidência com ele ou com ela, e prefere fazer tudo sozinho, talvez esteja preso ainda ao modelo de Igreja de antes do Concílio Vaticano II. Hoje, a ordem é descentralizar, compartilhar, atuar em conjunto. Claro, é preciso tomar cuidado para não repartir as funções tanto e de tal modo que não apareça mais presidência nenhuma; é bom que uma pessoa atue como coordenador(a) geral.

Em muitas comunidades, os ministros e ministras estão usando *uma veste litúrgica*. Às vezes é da cor própria do tempo litúrgico; na maioria das vezes de tecidos estampados.[1] Jamais deve ser usada com uma mentalidade de poder e de ser mais que os outros. Tem por objetivo primeiro expressar a identidade do ministério: nos revestimos de Cristo, servidor da comunidade; agimos em nome dele. Além disso, as vestes, principalmente as coloridas, dão um ar de festa e de alegria.

Como formar para o ministério?

Geralmente, começa-se por uma formação na prática: convida-se alguém para ajudar, explica-se o que deve ser feito, acompanha-se e orienta-se no momento da celebração. Depois da celebração, poderá ser feita uma pequena avaliação: o que foi bom, o que poderia ter sido melhor, como a pessoa se sentiu.

Depois, a pessoa começa a participar das reuniões e integrar a equipe de celebração ou equipe de liturgia. Recebe a formação na ação, preparando a celebração, com conhecimento

---

[1] Ver: BUYST, Ione. Vestes litúrgicas em função dos ministérios leigos. *Revista de Liturgia* n.117: 31, maio-junho, 1993; Ione BUYST, Vestidos de luz. In: *Liturgia de coração, espiritualidade da celebração*, São Paulo, Paulus, 2003.

de causa. Por fim, é importante que os ministros possam ter acesso a uma formação mais sistemática, sobre Bíblia e liturgia.

Toda a formação tem dois aspectos:

1) preparação espiritual, incluindo formação bíblica e litúrgica;

2) preparação prática, ritual.

- Quais desses serviços mencionados acima funcionam em sua comunidade? Quais não? Por quê?

- Costumam usar uma veste litúrgica? Sim? Não? Por quê?

- De que maneira a comunidade está formando as pessoas para os vários ministérios?

---

2. Partes, seqüência, dinâmica celebrativa

Uma liturgia da Palavra se faz com alguns *ingredientes indispensáveis*:

1) leituras bíblicas;

2) interpretação das leituras, ligando com a realidade;

3) súplica ou intercessão.

Estes ingredientes, ou elementos, ou partes entram numa determinada *seqüência* lógica, ou melhor, teo-lógica. Deus fala primeiro, nós escutamos. As leituras bíblicas não são suficientes:

é preciso que, com a ajuda do Espírito Santo, sejam interpretadas, atualizadas, relacionadas com nossa vida. As preces vêm depois: é ouvindo a Palavra de Deus e inspirados pelo Espírito que sabemos o que pedir, de acordo com o coração de Deus.

De certo modo, o Evangelho é *o ponto alto*, porque relata a vida e as palavras do Senhor Jesus. (Até mesmo a resposta diferenciada, Palavra da Salvação no final da proclamação, realça esta importância maior). O que vem antes, é como uma preparação para a escuta e compreensão do evangelho; o que vem depois, é desdobramento (na homilia) e conseqüência: na profissão de fé aderimos àquilo que foi proclamado, e na oração dos fiéis pedimos para que Deus realize aquilo que foi anunciado, que venha seu Reino.

A estes elementos essenciais, podemos *acrescentar* outros, dependendo do tipo de celebração que estamos fazendo: recordação da vida, salmos, refrões meditativos, aclamações, silêncio. Aos domingos e dias festivos acrescentamos a profissão de fé ("Creio...") após a homilia.

Partes da liturgia da Palavra são *cantadas:* o salmo de resposta e a aclamação ao evangelho; possivelmente também o próprio evangelho. Outros cantos costumam ser acrescentados: um canto para acompanhar a procissão com o livro da Palavra ou um refrão meditativo para criar uma atitude de escuta. Caberia bem ainda um canto após a homilia, como que fazendo eco, principalmente ao evangelho e à homilia; por fim, na oração dos fiéis, cada prece merece uma resposta cantada da assembléia.

***

Numa *celebração dominical da Palavra* temos normalmente o seguinte esquema:

ESTRUTURA DA LITURGIA DA PALAVRA[2]

(Atenção: nem todos estes elementos entrarão em todas as celebrações!)

- Refrão meditativo para criar um clima de escuta.

- Recordação da vida (a não ser que tenha sido feita durante os ritos iniciais).

- Primeira leitura (introduzida por uma breve motivação e seguida por um breve silêncio).

- Salmo de resposta.

- Segunda leitura (introduzida por uma breve motivação e seguida por um breve silêncio).

- Aclamação ao evangelho (acompanhada de procissão com o livro do evangelho).

---

[2] Comparem com o esquema da liturgia da Palavra na celebração eucarística, em: Ione Buyst, *A missa, memória de Jesus no coração da vida*. São Paulo, Paulinas, 2004. p. 66 (Col. Celebrar).

PROCLAMAÇÃO DO EVANGELHO

(com incensação do Livro no início e retomada da aclamação ao Evangelho e elevação do Livro, no final da proclamação)

- Homilia.
- Breve silêncio.
- Canto após a homilia.
- Profissão de fé.
- Oração dos fiéis.

3. Recordação da vida

Em toda a tradição bíblica, o Senhor se comunica conosco e nos faz conhecer sua vontade, seu projeto, através de sua maneira de agir *na história, nos acontecimentos, e pela palavra dos profetas e profetisas*. O próprio Jesus é chamado de Verbo, Palavra de Deus, não só por aquilo que disse, mas pelo fato de ser entre nós o Deus conosco, Emanuel. A própria vida de Jesus, sua maneira de ser e agir, a forma como ajudava a resolver os problemas do povo, é para nós palavra viva de Deus. Também nós, os discípulos e discípulas do Senhor, membros de sua Igreja, somos chamados a ser Palavra de Deus, pessoalmente e comunitariamente.

Na Igreja latino-americana, principalmente a partir da década de 1960, começamos a ficar mais atentos(as) aos *sinais dos tempos* através dos quais o Senhor chama nossa atenção e mobiliza nossas forças. Vejam, por exemplo, o belo trecho do Documento de Medellín (Introdução, n. 6):

> Assim como Israel, o antigo povo, sentia a presença salvífica de Deus quando da libertação do Egito, da passagem pelo Mar Vermelho e conquista da terra prometida, assim também nós, o novo povo de Deus, não podemos deixar de sentir seu passo que salva quando se dá o verdadeiro desenvolvimento que é, para todos e cada um, a passagem de condições de vida menos humanas, para condições de vida mais humanas...

Se preferirem um texto bíblico, leiam, analisem e meditem Atos 4,23-31. Reparem como a reunião começa com a narrativa dos fatos da prisão de Pedro e João: "Contaram tudo...".

Se Deus fala pelos acontecimentos, então, uma comunidade reunida para ouvir sua Palavra, não pode deixar de *trazer os fatos da vida*. Não pode deixar de discernir a vontade do Senhor em cada momento histórico à luz das Sagradas Escrituras e com a ajuda do Espírito Santo. Por isso, criamos um momento dentro da celebração chamado de *recordação da vida*.[3]

---

[3] O termo foi criado numa das reuniões da equipe de redação do *Ofício Divino das Comunidades*.

Como trazer presente estes fatos? Podem ser lembrados pela equipe de celebração, nos ritos iniciais ou no início da liturgia da Palavra ou ainda na homilia; cartazes na entrada do recinto podem reforçar a narrativa. Uma outra forma bem mais comunitária é deixar a assembléia expressar-se livremente, conduzida por alguém da equipe. A pergunta poderá ser: o que aconteceu de importante esta semana na comunidade, na cidade, na região, no país, no mundo? Depois, na homilia e na oração dos fiéis, alguns destes fatos poderão ser retomados, sugerindo um compromisso de vida. Poderão ser mencionados ainda como motivo de agradecimento, na louvação ou no prefácio.

A recordação da vida não pode ser um momento muito longo e enfadonho. Não se trata de contar casos inteiros, com todos os detalhes. Se houver necessidade de aprofundar a questão, pode se combinar uma reunião durante a semana.

> Vocês costumam fazer a recordação dos fatos da vida? Em que momento? Estão satisfeitos com a maneira como isto é feito?

4. A mesa da Palavra, o livro, o elenco (roteiro) de leituras

De onde são feitas as leituras bíblicas?

São proclamadas a partir de um lugar próprio para isso: a estante, também chamada *ambão* ou mesa da Palavra; daí também são realizados o salmo de resposta, a oração dos fiéis e a homilia (a não ser que o homiliasta prefira falar de sua cadeira, ou aproximar-se da assembléia, para facilitar a comunicação).

O nome *mesa da Palavra* foi reintroduzida pelo Concílio Vaticano II. Na liturgia temos duas mesas nas quais o Cristo reparte sua vida conosco como alimento: a mesa da Palavra e a mesa da Eucaristia. Em ambas comungamos de sua vida, de seu Corpo e Sangue. Geralmente esta mesa da Palavra tem a forma de uma estante; em igrejas maiores, pode ser um tipo de púlpito ou ambão. Em todo caso, não deve ser pequena demais em relação ao altar. Não é bom ter um altar enorme e uma estante insignificante. Daria a impressão de que a Palavra não é tão importante assim.

Podemos enfeitar a mesa da Palavra com um pano com a cor do tempo litúrgico, com um vaso de flores ou folhagem, ou ainda com um foco de luz.

Em cima da mesa da Palavra, colocamos o Livro. Podemos ler diretamente da *Bíblia* ou de um livro chamado *Lecionário*; algumas comunidades adquiriram também um *evangeliário*, um livro onde constam somente os evangelhos. É melhor evitar a leitura feita de folhetos ou jornaizinhos.

A vantagem de se usarem os lecionários (e evangeliário) é que trazem as leituras certas para cada dia, sem precisarmos procurar em diversos livros da Bíblia, pulando versículos que não entram na leitura litúrgica. E há ainda a disposição gráfica que facilita a leitura. Até mesmo o salmo já vem impresso, com o refrão e os versos próprios do dia.

Infelizmente, nem sempre as traduções dos textos bíblicos nos novos lecionários levam em conta a linguagem do povo. Usam um fraseado difícil, verbos na segunda pessoa do plural (vós), palavras desconhecidas da comunidade. Por isso, sempre que for preciso, adaptem a tradução, ou usem uma tradução bíblica mais acessível, para que a comunidade compreenda.

Há um *Ordo, ou elenco, ou roteiro com a indicação das leituras* escolhidas para cada domingo, e até para cada dia, acompanhando o mistério celebrado ao longo do Ano Litúrgico. Assim temos leituras escolhidas de propósito para o tempo do advento, natal e epifania; leituras para a quaresma, o tríduo pascal e o tempo pascal. Para os domingos do chamado 'tempo comum ou domingos durante o ano, há uma lista de três anos, acompanhando a cada ano um dos evangelistas chamados sinóticos:

Ano A, Mateus;
Ano B, Marcos (+ João 6);
Ano C, Lucas.

Desta forma, a cada três anos, voltam as mesmas leituras. Para os dias da semana, há uma lista de dois anos: anos pares e anos ímpares. Há outras listas indicando leituras para as festas de Maria e dos outros santos, para os sacramentos e sacramentais (batismo, confirmação, reconciliação, unção dos enfermos, matrimônio, ordenação, bênçãos, exéquias, profissão religiosa, para diversas circunstâncias etc.).

Os lecionários já trazem os recortes das leituras de cada dia, na ordem de sua proclamação na celebração: primeira leitura, salmo, aclamação ao evangelho, evangelho... Há um *Lecionário dominical,* um *Lecionário ferial* (para os dias da semana), um *Lecionário santoral* (para as festas dos santos) etc.

> Caso não o conheçam, procurem um Lecionário ou um Evangeliário e verifiquem como está organizado, quais os vários capítulos que o compõem... Localizem as leituras do próximo domingo; vejam como estão organizados todos os textos.

5. Leituras, salmo, aclamação, evangelho[4]

Como vimos acima, o evangelho é o ponto alto na liturgia da Palavra. Por isso, recebe uma atenção maior na organização dos lecionários, principalmente no *Lecionário Dominical.* Nos domingos do tempo comum (fora do Ciclo do Natal e do Ciclo da Páscoa), vamos lendo seguidamente um dos três evangelhos, como vimos acima: Mateus, Marcos e

---

[4] O ministério de leitores e salmistas será tratado com mais detalhes em outro livrinho desta mesma coleção. Ver também: BUYST, Ione. *Liturgia de coração, espiritualidade da celebração.* São Paulo, Paulus, 2003, pp. 39-44.

Lucas. As primeiras leituras, geralmente tiradas do Antigo Testamento, são escolhidas de acordo com o evangelho do dia. O salmo de resposta acompanha a primeira leitura. A aclamação do evangelho quase sempre nos deixa ouvir um verso do evangelho que será proclamado.

É bom lembrar que também o salmo é Palavra de Deus. É uma leitura bíblica cantada, que tem o mesmo valor que as outras leituras. Responde à Palavra de Deus ouvida, com a própria Palavra de Deus. Falamos a Deus com as palavras da revelação nascidas no decorrer da história do povo de Deus por inspiração do Espírito Santo e que foram moldando a espiritualidade do povo a caminho.

Portanto, o salmo de resposta nunca deveria ser substituído por um canto qualquer. O saltério, com os 150 salmos da Bíblia, são como que o Livro de cantos privilegiados do povo de Deus. Acompanham todos os acontecimentos da vida com a oração cantada, comunitariamente. Por isso, vale a pena investir no ministério dos salmistas[5], isto é, das pessoas que vão subir à estante e cantar os versos do salmo do dia, enquanto o povo todo responde, orando e cantando também, com o refrão.

---

[5] Sobre o ministério dos salmistas, vejam o n. 2 desta coleção: *O ministério de leitores e salmistas.*

> Procurem o *Hinário Litúrgico*, da CNBB, de preferência o fascículo 3, que corresponde ao tempo comum. Vejam onde se encontram os salmos responsoriais. Localizem o salmo de domingo que vem. Vejam a relação com a primeira leitura; de que forma responde a ela? Agora, cantem o refrão; ou o salmo inteiro, se for possível.
>
> Procurem agora as aclamações ao Evangelho. Localizem a aclamação do próximo domingo. Vejam a relação com o evangelho do dia. Cantem!

6. Homilia[6] e profissão de fé

A Palavra de Deus é sempre viva e atual. Traz uma boa notícia, um conforto, um alento, alegria, esperança, e também um apelo, um chamado à conversão e à missão, em cada momento de nossa vida. Por isso, as leituras bíblicas são meditadas, comentadas, confrontadas com os fatos de nossa vida pessoal, comunitária, social. Relacionar Bíblia e vida é tarefa da homilia, numa conversa familiar, de irmãos e irmãs prestando atenção àquilo que o Senhor nos tem a dizer.

---

[6] Lembrem-se de que a homilia será tratada com mais detalhes no livro n. 3 desta coleção: *Homilia, partilha da palavra.*

É tarefa ainda da homilia de nos preparar para a segunda parte da celebração, ligando as leituras bíblicas com o mistério celebrado na Eucaristia ou na louvação.

A homilia é da responsabilidade de quem preside. Às vezes é conduzida em forma de uma conversa comunitária, deixando aberta a participação do povo.

Existe a possibilidade de se retomar a temática das leituras bíblicas e da homilia, com um canto após a homilia.

"Um canto dentro do tema do evangelho do dia ajuda a sua assimilação e tem grande força de reflexão, de aprofundamento e de vivência da Palavra de Deus."[7]

Tendo ouvido a Palavra de Deus nas leituras proclamadas e comentadas, somos convidados(as), pelo menos aos domingos e dias de festa, a dar uma primeira resposta, uma *profissão de nossa fé batismal*: "Creio!" Sim, creio naquilo que ouvi. Creio que o Cristo está vivo e continua libertando seu povo de todas as escravidões. Sim, creio que nos convida a apostar num mundo sem exclusões e discriminações e a nos comprometer com a construção de uma sociedade justa e fraterna. Creio que nenhuma dificuldade ou provação será forte o suficiente para impedir que se cumpra a Palavra do Senhor.

---

[7] CNBB, *Estudo sobre os cantos da missa*, (Estudos, n. 12), p. 72.

7. Oração dos fiéis[8]

A Palavra de Deus ouvida com um coração atento ao Espírito Santo e com um olhar atento aos fatos da vida, suscita em nós um grito de pedido, uma súplica ao Pai. Por isso, depois da homilia (e da profissão de fé), a comunidade faz suas preces. Reza pela Igreja, pelo mundo, pelos necessitados. A comunidade exerce assim seu sacerdócio: une-se à intercessão de Cristo, pedindo pelo universo inteiro. Daí o nome oração universal.

O Espírito Santo nos faz pedir de acordo com o desejo e o projeto do Pai. Ele nos une ao Cristo glorificado, sentado à direita de Deus, intercedendo por seus irmãos, acolhendo o clamor do povo oprimido, pedindo libertação.

Portanto, as preces deverão brotar do momento celebrativo. Deverão ser feitas pela comunidade que ficou atenta às leituras e à homilia e que se preocupa com a vinda do Reino em nossa realidade.

As preces que vêm impressas nos folhetos, podem às vezes ser muito bem elaboradas, porém, não equivalem à oração viva que nasce por inspiração do Espírito na comunidade, no momento litúrgico e dentro do contexto atual de vida daquela comunidade, daquela assembléia reunida. Certamente o Senhor

---

[8] Quem quiser ler mais sobre o assunto, veja: BUYST, Ione. *Celebração do domingo ao redor da palavra de Deus*. 2. ed. São Paulo, Paulinas, 2006, pp. 88-96.

não se contenta com umas preces lidas formalmente de um jornalzinho ou um folheto. Mesmo que a equipe recorra a este meio, é necessário que a comunidade se acostume a abrir o coração diante do Senhor, expressando as suas necessidades e as do mundo inteiro, para que venha o Reino de Deus.

Não devemos ter pressa; necessitamos de tempo para perceber a prece que o Espírito Santo suscita no coração. Necessitamos de tempo para assimilar a prece que as outras pessoas fazem; não podemos responder automaticamente ou como papagaios. Não tenhamos medo do silêncio neste momento. É na oração dos fiéis que podemos medir o quanto a comunidade está sintonizada com o Senhor, com sua Palavra e com os sinais dos tempos. Oração dos fiéis bem participada costuma ser sinal de maturidade da comunidade.

Vejamos a estrutura desta oração:

1) Quem preside a celebração faz um convite com palavras semelhantes a estas: Irmãos e irmãs, rezemos ao Senhor nosso Deus. Coloquemos diante dele as necessidades nossas e do mundo inteiro.

2) Seguem-se as preces como uma ladainha: uma pessoa faz a prece e a comunidade toda a assume como sendo *sua*, dizendo ou cantando: "Senhor, escutai a nossa prece!", ou outra invocação semelhante.[9]

---

[9] Poderemos encontrar partituras no *Hinário Litúrgico* da CNBB e também no Suplemento n. 1 do *Ofício Divino das Comunidades*.

3) Quem preside, termina com uma oração tipo coleta, mais ou menos assim: "Senhor, nosso Pai, cheio de misericórdia! Confiantes te pedimos: ouve a oração de tua família aqui reunida. Por Cristo nosso Senhor."

4) Todos confirmam com o Amém.

> Como faremos as preces no domingo que vem? Quem deverá fazer o convite? Quem fará as preces? Como será a resposta do povo? Será cantada? Com que melodia? Quem deverá fazer a oração conclusiva?

8. Silêncio

Para que a Palavra possa ser ouvida, precisamos de silêncio; o barulho abafa e impede que a Palavra de Deus chegue aos nossos ouvidos e ao nosso coração. Depois, nem tudo cabe em palavras: Deus fala também no silêncio. E ainda, precisamos de tempo suficiente para que a Palavra ouvida possa chegar ao fundo de nosso coração e de nossa mente para regá-la, transformá-la. O silêncio possibilita a necessária concentração e disponibilidade para ouvir e receber a Palavra, para fazê-la ecoar dentro de nossa mente e nosso coração, para descansar em Deus, mergulhando em seu mistério.

Por isso, temos de cultivar momentos de silêncio na celebração da Palavra: depois de cada leitura, depois da homilia, entre uma prece e outra... Quem proclama uma leitura ou canta um salmo ou faz uma prece, que o faça de tal forma que suas palavras venham como que carregadas, envolvidas, banhadas em silêncio. A maneira de falar e cantar correndo, desatento, impede de as palavras serem valorizadas.

9. Corpo, gestos, comunicação

Toda celebração da Palavra pode vir acompanhada de *atitudes do corpo, gestos e ações simbólicas*:

– Ficamos em pé para ouvir o santo Evangelho, em sinal de respeito e prontidão; também durante as preces ficamos de pé, como que diante do trono de Deus, juntando-nos a Jesus que sempre intercede por todos (Hebreus 7,25).

–– Ficamos sentados durante a proclamação das outras leituras e da homilia, na atitude de quem quer aprender e ser discípulo ou discípula.

– Principalmente nos dias festivos, podemos queimar incenso durante a proclamação do evangelho.

– O ambão pode ser recoberto com um pano da cor própria do tempo litúrgico; um vaso de folhas ou flores pode realçar sua importância.

– Podemos organizar uma procissão de entrada com a Bíblia ou com o Livro dos evangelhos (Evangeliário); esta procissão pode ser dançada e também acompanhada de velas, flores, fitas etc., dependendo da cultura da comunidade, das circunstâncias e da solenidade ou não da celebração.

– Podemos chamar todos os participantes para perto da mesa da Palavra durante a proclamação do Evangelho (assim como as pessoas se achegavam a Jesus, sempre que ele falava ao povo na montanha, na praia, no campo, na sinagoga, no templo...).

A comunicação entre o Senhor e o seu povo depende da comunicação entre os ministros(as) e a assembléia. Não se faz só com a voz, mas também com o olhar, com a atitude do corpo. Deverá ter qualidade técnica: boa pronúncia, bom uso do microfone etc.; mas deverá ter também qualidade espiritual: atitude orante, de escuta e diálogo com o Senhor, de admiração, de gratidão, de prontidão...

10. Diversas formas e ocasiões

Há *diversas formas e ocasiões* de se celebrar a Palavra de Deus:

1) Antes de tudo, temos as liturgias da Palavra na missa e em todos os outros sacramentos e sacramentais.

2) Depois, temos a celebração da Palavra, sem mais, como celebração litúrgica completa, verdadeira ação litúrgica, autônoma digamos. É o caso principalmente das celebrações dominicais na ausência do padre. E há também a possibilidade de se organizar uma celebração da Palavra nas mais diversas circunstâncias: no advento, na quaresma, como celebração penitencial, em preparação à festa do padroeiro ou da padroeira, por ocasião da ocupação de uma terra ou um terreno para moradia, para celebrar uma formatura etc.

3) O ofício das leituras da liturgia das horas não deixa de ser uma forma de celebração da Palavra. Pode ser celebrado todos os dias, mas principalmente em forma de vigília no sábado à noite, para iniciar o domingo, dia do Senhor, ou ainda na véspera das grandes festas litúrgicas (a vigília pascal,

a vigília do natal, da epifania, da festa da ascensão, da festa de pentecostes) etc.[10]

4) Em muitas comunidades, os círculos bíblicos, as novenas, vias-sacras, terços e outras rezas tradicionais são transformadas em verdadeiras celebrações da Palavra, com leituras bíblicas, ligação com a realidade e orações.

---

[10] Ver roteiros e textos próprios para cada tempo litúrgico no *Ofício Divino das Comunidades*.

Bibliografia recomendada

*1 - Livros para preparação e celebração da Palavra
  do Senhor:*

DIA DO SENHOR. Encarte na *Revista de liturgia,* São Paulo.

CARPANEDO, Penha & GUIMARÃES, Marcelo. *Dia do Senhor:* Guia
para as celebrações das comunidades. Vários volumes.
São Paulo, Apostolado Litúrgico Produções.

CNBB. *Hinário litúrgico.* Fascículo 1 (Advento, Natal, Ordiná-
rio da missa); Fascículo 2 (Quaresma, Semana Santa,
Páscoa, Pentecostes); Fascículo 3 (Domingos do tempo
comum, Anos A, B e C); Fascículo 4 (Sacramentos, Comum dos Santos, Missas para diversas necessidades). São
Paulo, Paulus, 1998.

VV.AA. *Ofício Divino das Comunidades.* 11ª ed. São Paulo, Paulus,
2000.

BORTOLINI, José. Roteiros homiléticos. In: *Vida pastoral,* São
Paulo, Paulus.

KONINGS, Johan. *Espírito e mensagem da liturgia dominical;* sub-
sídios para a liturgia, pregação e catequese. Petrópolis,
Vozes, 1986.

2 - Textos para aprofundar o sentido da celebração da Palavra:

Introdução geral ao elenco das leituras da missa (IELM). Encontramos este texto nas primeiras páginas do Lecionário. Traz a teologia e a prática da celebração da Palavra de Deus.

CNBB (Conferência Nacional dos Bispos do Brasil). *Orientações para a celebração da Palavra de Deus.* (32ª Assembléia geral, Itaici, 13 a 22 de abril de 1994. São Paulo, Paulinas, 1994. (Documentos, n. 52).

DEISS, Lucien. *A Palavra de Deus celebrada:* teologia da celebração da Palavra de Deus. Petrópolis, Vozes, 1998.

Impresso na gráfica da
Pia Sociedade Filhas de São Paulo
Via Raposo Tavares, km 19,145
05577-300 - São Paulo, SP - Brasil - 2018